FUNDAMENTOS DO DIREITO

Dados Internacionais de Catalogação na Publicação (CIP)
(Câmara Brasileira do Livro, SP, Brasil)

Duguit, Léon
  Fundamentos do direito—Léon Duguit;
tradução Márcio Pugliesi. — São Paulo: ícone, 2006.

  ISBN 85-274-0396-X

  1. Direito I. Título.

96-1173

CDU-34

Índices para catálogo sistemático:

1. Direito   34

LÉON DUGUIT

FUNDAMENTOS DO DIREITO

2ª edição

Tradução
Márcio Pugliesi

Revisão da tradução
M. Alexandra O. C. de Almeida

© Copyright 2006.
Ícone Editora Ltda.

Imagem da Capa
"Alegoria de La Justicia", RAFAEL

Capa e Diagramação
Andréa Magalhães da Silva

Revisão da Tradução
M. Alexandra O. C. de Almeida

Revisão
Rosa Maria Cury Cardoso

Proibida a reprodução total ou parcial desta obra,
de qualquer forma ou meio eletrônico, mecânico,
inclusive através de processos xerográficos,
sem permissão expressa do editor
(Lei nº 9.610/98).

Todos os direitos reservados pela
ÍCONE EDITORA LTDA.
Rua Anhanguera, 56 – Barra Funda
CEP 01135-000 – São Paulo – SP
Tel./Fax (11) 3392-7771
www.iconelivraria.com.br
e-mail: iconevendas@yahoo.com.br
editora@editoraicone.com.br

ÍNDICE

1. Direito objetivo e direito subjetivo, 7
2. Fundamento do direito, 9
3. Doutrina do direito individual, 11
4. Crítica da doutrina individualista, 15
5. Doutrinas do direito social, 19
6. A solidariedade ou a interdependência social, 21
7. O direito fundado na solidariedade social, 25
8. Noção geral do Estado, 31
9. Origem do Estado, 33
10. Doutrinas teocráticas, 35
11. Doutrinas democráticas, 39
12. Crítica das doutrinas democráticas, 41
13. Formação natural do Estado, 47
14. Fim e funções do Estado, 51
15. Construção jurídica do Estado, 53
16. O Estado obrigado pelo direito, 59
17. O direito público, 63
18. Divisões do direito público, 67
19. O direito público e o direito privado, 73

1. DIREITO OBJETIVO E DIREITO SUBJETIVO

A palavra "direito", na sua larga acepção, presta-se a designar duas concepções que, embora se interpenetrando intimamente, constituem campos diferentes: "o direito objetivo" e o "direito subjetivo".

O "direito objetivo" ou a "regra de direito" designa os valores éticos que se exige dos indivíduos que vivem em sociedade. O respeito a essa ética, em determinado momento, implica, no âmbito social, a garantia de preservação do interesse comum, e, em contrapartida, sua violação acaba desencadeando uma respectiva reação da coletividade visando, de alguma forma, o responsável por tal violação.

O "direito subjetivo", por sua vez, constitui um poder do indivíduo que integra uma sociedade. Esse poder capacita o indivíduo a obter o reconhecimento social na esfera do objeto pretendido, desde que o seu ato de vontade possa ser considerado deliberadamente legítimo pelo direito objetivo.

Ambas as expressões: "direito objetivo" e "direito subjetivo" já constituem correntes dentro da atual terminologia jurídica. Adotadas há muito tempo, sobretudo por jurisconsultos alemães e posteriormente por franceses, hoje integram a nomenclatura da literatura desses países. Quando da sua adoção pelos franceses, surgiram críticas considerando a incorporação de ambas as expressões uma manifestação de germanismo. Mas, preterindo aqui essas questões que fogem ao nosso objetivo, sobrelevamos as distinções que as permeiam e que, nos parece, permaneceram, durante muito tempo, pouco distintas na literatura da França. Entretanto, de maneira geral, as expressões são adequadas e isso confere legitimidade ao respectivo emprego.

2. FUNDAMENTO DO DIREITO

Para melhor compreendermos a questão, imaginemos uma sociedade em que não existisse autoridade política e nem leis escritas. Numa sociedade assim constituída existiria um direito? E qual seria o fundamento desse direito?

A existência de um direito é incontestável e, nesse sentido, até mesmo irremediável, pois não se pode conceber a inexistência de um direito. A concepção de que o direito só pode ser concebido como criação do Estado, restringindo seu surgimento ao dia em que um Estado constituído o formulou ou, pelo menos, o sancionou, disseminou-se sobretudo na Alemanha, sob a influência de Hegel e Lhering. Segundo nos parece, essa concepção deve ser energicamente repudiada. Ainda que não se possa admitir o fundamento do direito anterior à criação do Estado, deve-se reconhecer, "como postulado", a existência de um direito superior e anterior ao Estado. É imperiosa nos dias de hoje a prevalência de uma norma de direito que se imponha, rigorosamente, tanto ao Estado, detentor da força, quanto aos indivíduos desse mesmo Estado. Aliás, é bem possível comprovar a manifestação do direito num estágio anterior à criação pelo Estado, considerando mesmo a referida superioridade sobre o Estado, ao qual, na verdade, se impõe.

O questionamento sobre esse tema não constitui novidade, uma vez que acompanha o homem desde que este passou a refletir sobre os problemas sociais. São muitas as doutrinas que pretendiam a solução do problema e a vasta literatura a respeito não esgota o tema. Nesse sentido, é possível distinguir, em meio a tantas doutrinas, duas tendências caracteristicamente diferentes:

1º - doutrinas do "direito individual";

2º - doutrinas do "direito social".

3. DOUTRINA DO DIREITO INDIVIDUAL

Ambas as doutrinas, embora classificadas distintamente, podem ser consubstanciadas às seguintes idéias:

Ao nascer, o homem, em sua natureza de homem, desfruta de certos direitos subjetivos, que constituem os "direitos individuais naturais". O homem nasce "livre", isto é, desfruta o direito de desenvolver plenamente a sua atividade física, intelectual e moral, e, nesse sentido, pertence-lhe o direito de desfrutar o produto dessas atividades. Concebe-se, assim, para todos, a obrigação de respeitar no outro o desenvolvimento pleno da atividade física, intelectual e moral e nessa obrigação reside o próprio fundamento do direito, constituindo regra social.

A natureza das coisas, no entanto, determina que a preservação dos direitos individuais de todos condiciona a uma limitação recíproca os direitos individuais. Daí se abstrai que, na doutrina individualista, a norma de direito, por um lado, impõe a todos o respeito aos direitos de cada um e, em contrapartida, determina uma limitação sobre os direitos individuais, para assegurar a proteção aos direitos gerais. É evidente aqui a ponte que se estabelece do direito subjetivo para se chegar ao direito objetivo, fundamentando-se portanto o direito objetivo no subjetivo.

Essa doutrina subentende a igualdade dos homens, concebendo que todos os homens nascem com os mesmos direitos, devendo conservá-los. As limitações estabelecidas sobre os direitos individuais, necessárias para a saúde social, devem ser as mesmas para todos, pois, sendo diferentes, os homens de uma comunidade já não desfrutariam em igualdade os mesmos direitos. Com certeza, a igualdade não constitui verdadeiramente um direito mas está nas bases do Estado, admitindo que, atentando contra ela, o Estado violaria o direito de alguns.

Por outro lado, conjuga-se a esta doutrina que a regra de direito deve ser sempre a mesma em todos os tempos, em todas as nações e em todos os povos. Funda-se efetivamente nos direitos individuais e naturais do ser humano, direitos que em sua natureza são sempre os mesmos, esteja o homem onde estiver. No decorrer das civilizações, os povos sempre manifestaram conhecer a existência e extensão, em certo grau, desses direitos e a regra social deles derivada, mas as sociedades humanas tendem a se aproximar cada vez mais de um direito ideal, absoluto, natural. Embora algumas estejam ainda muito afastadas desse conceito, outras encontram-se bem próximas. E esta ascensão no sentido do direito mais puro progride conhecendo fases de estagnação e até de recuo, mas está sempre presente. De maneira geral, pode-se argumentar que todos os povos caminham para esse ideal comum. Aos juristas cabe trabalhar a busca desse ideal jurídico; enquanto ao legislador cabe realizá-lo e sancioná-lo.

Produto de longa elaboração, a doutrina individualista encontrou decisivamente sua forma precisa e acabada na "Declaração dos Direitos"de 1789: "Os homens nascem e permanecem livres e iguais em direitos. A finalidade de qualquer associação política é a conservação dos direitos naturais e imprescritíveis do homem... O exercício dos direitos naturais de cada homem só tem por limites os que asseguram aos outros membros da sociedade o gozo desses mesmos direitos". (Art[2] 1,2,4)

As nossas leis e códigos inspiram-se, em sua maior parte, nesta doutrina. A doutrina individualista, embora não absolutamente exata em seus fundamentos, prestou imensos serviços e inspirou consideráveis progressos, levando a conceber, pela primeira vez, a limitação dos poderes do Estado pelo direito.

4. CRÍTICA DA DOUTRINA INDIVIDUALISTA

A doutrina individualista, segundo nos parece, deve ser refutada, considerando-se que sua base consolida-se sobre uma afirmação "a priori" e hipotética. Afirma-se que o homem natural, isto é, o homem enquanto ser isolado, separado de outros homens, encontra-se investido de certos privilégios, certos direitos, que lhe cabem em virtude de sua natureza humana, "por causa da eminente dignidade da pessoa humana", na expressão de Henry Michel. Essa pode ser considerada uma afirmação desmotivada. O homem natural, isolado, que nasce livre e independente de outros homens, e com direitos constituídos por essa mesma liberdade e essa mesma independência, constitui uma abstração desvinculada da realidade. O ser humano nasce integrando uma coletividade; vive sempre em sociedade e assim considerando só pode viver em sociedade. Nesse sentido, o ponto de partida de qualquer doutrina relativa ao fundamento do direito deve basear-se, sem dúvida, no homem natural; não aquele ser isolado e livre que pretendiam os filósofos do século XVIII, mas o indivíduo comprometido com os vínculos da solidariedade social. Não é razoável afirmar que os homens nascem livres e iguais em direito, mas sim que nascem partícipes de uma coletividade e sujeitos, assim, a todas as obrigações que subentendem a manutenção e desenvolvimento da vida coletiva.

Por outro lado, a igualdade absoluta de todos os homens, que constitui premissa lógica da doutrina individualista, revela-se contraditória na prática. Os homens, muito longe de serem iguais, são essencialmente diferentes entre si, e essas diferenças, por sua vez, acentuam-se conforme o grau de civilização da sociedade.

Os homens devem ser tratados de modo diverso, porque são diferentes; o seu estado jurídico, representante da sua situação enquanto referencial na relação com seus semelhantes, deve alternar-se para cada um em particular, uma vez que cada um, em relação a todos, manifesta-se de forma essencialmente diferente. Se uma doutrina adota como lógica definida a igualdade absoluta e matemática dos homens, ela se opõe à realidade e por isso deve ser prescindida.

A doutrina individualista conduz assim à noção de um direito ideal, absoluto, análogo em todos os tempos e em todos os países, e do qual os homens se aproximariam cada vez mais, mesmo considerando eventuais regressões. Entretanto, a noção de um direito ideal e absoluto não pode ser aceita cientificamente. O direito resulta da evolução humana, fenômeno social absolutamente diferente da natureza que caracteriza fenômenos físicos, mas, como eles, não se aproxima de um ideal ou absoluto. Efetivamente pode-se dizer que o direito de determinado povo apresenta-se superior a outro. Entretanto, isso redunda em uma afirmação bastante relativa, uma vez que essa superioridade deve ser entendida não como aproximação entre direito do povo e ideal jurídico absoluto, mas sim enquanto feliz adaptação, em determinado contexto, do direito às reais necessidades de um povo.

5. DOUTRINAS
DO DIREITO SOCIAL

São assim qualificadas todas as doutrinas que partem da sociedade para chegar ao indivíduo, do direito objetivo para o direito subjetivo, da norma social para o direito individual. E, ainda, todas as doutrinas que consideram a validade de uma norma que se impõe ao homem enquanto ser social, derivando os seus direitos subjetivos das suas obrigações sociais. Enfim, todas as doutrinas que concebem o homem como um ser social exatamente por estar submetido a uma regra social que lhe impõe obrigações com relação aos outros homens e cujos direitos derivam das mesmas obrigações, isto é, dos poderes que possui para realizar livre e plenamente os seus deveres sociais.

As doutrinas denominadas "direito social" deveriam ser chamadas "doutrinas socialistas", em oposição às doutrinas individualistas acima consideradas. Contudo, evitamos empregar essa terminologia pelo caráter vago e ao mesmo tempo preciso sob que ela se manifesta. É vago porque vem se prestando a qualificar doutrinas infinitamente diversas pelos seus princípios e tendências; e preciso por designar, atualmente na França, um partido político direcionado, sob diversos aspectos— "evolutivos" para alguns, "revolucionários" para outros — à supressão da propriedade individual[1]. Nesse sentido, opondo a doutrina individualista à socialista, empregaremos a expressão exclusivamente para designar a doutrina que fundamenta o direito no caráter social e nas obrigações sociais do indivíduo.

A concepção socialista do direito tende a substituir na doutrina e até na jurisprudência a concepção individualista. Em períodos de transição é difícil aprender de forma precisa e imediata as mudanças emergentes, e conformadas às concepções de diversos publicistas; isso limita nossa atuação a esboços, visando edificar uma doutrina pessoal coerente.

---

(1) Nota do Editor - Referência a partido político existente no começo do século, na França.

6. A SOLIDARIEDADE OU A INTERDEPENDÊNCIA SOCIAL

Partimos do fato incontestável de que o homem vive em sociedade, sempre viveu e só pode viver em sociedade com seu semelhante. Admitimos que a existência da sociedade é um fato primitivo e humano, e não, portanto, produto da vontade humana. Conclui-se daí que todo homem, desde o seu nascimento, integra um agrupamento humano. A par com isso, o ser humano desenvolveu uma consciência clara de sua própria individualidade; ele concebe-se como criatura individual, com necessidades, tendências e aspirações próprias; compreende também que esses anseios não podem ser satisfeitos se não pela vida em comunidade com outros homens. Enfim, dimensionada conforme o momento da história humana, a consciência de uma "sociabilidade" sempre esteve presente, enquanto dependência do homem em relação à comunidade; e também a consciência da sua "individualidade". Não se trata de uma afirmação "a priori", mas de verificação positiva.

Considerando que grupos sociais sempre existiram e que os homens os integram sem perder a consciência de sua própria individualidade e dos laços de interdependência com os demais, indagamos: Que laços são esses? Eles são designados por uma expressão de largo uso, mas que ainda parece bastante adequada, não obstante o descrédito em que os políticos a lançaram. A "solidariedade social" é que constitui os liames que mantêm os homens unidos.

Esta solidariedade ou interdependência abrange toda a humanidade? Seguramente sim. Mas tais laços ainda são frágeis, pois a humanidade encontra-se muito dividida em amplo número de grupos sociais, e o homem, por sua vez, só se concebe como verdadeiramente solidário em relação àqueles pertencentes a seu grupo. A solidariedade humana pode absorver as solidariedades locais, regionais, ou nacionais, de forma que o homem possa se considerar um cidadão do mundo? É ainda possível realizar este anseio, considerando todas as guerras, discriminações e ferocidades que o ser humano vem praticando? Sim, porque os povos livres podem superar tudo isso. Mas, de qualquer modo, o homem procura sempre dirigir a sua solidariedade para os membros de um grupo determinado. A humanidade está dividida em considerável número de grupos sociais. Estes grupos, no decorrer dos séculos, organizaram-se tipicamente: a "horda", que caracteriza os homens sem lar fixo, ligados entre si pela necessidade de defesa e subsistência comuns; a "família", grupo mais integrado, pois à solidariedade nascida da defesa e subsistência acrescentam-se os laços de sangue e a comunidade de religião; a "cidade", agrupamento de famílias com origens, tradições e crenças comuns; e finalmente a "nação", manifestação, por excelência, das sociedades modernas civilizadas, cuja constituição realizou-se mediante fatores diversos, como estatuto da comunidade de direito, de idioma, de religião, de tradições, lutas, derrotas e vitórias.

Entretanto, por mais diversas que as formas sociais tenham sido no passado e possam vir a sê-lo no futuro, por mais variados, que, conforme tempo e país, sejam os laços de solidariedade unindo os membros de um mesmo grupo social, consideramos que a solidariedade pode vincular-se a um dos seguintes elementos essenciais: os homens de um mesmo grupo social são solidários entre si — primeiramente porque têm necessidades comuns cuja satisfação reside na vida em comum; e em segundo lugar porque têm anseios e aptidões diferentes cuja satisfação efetiva-se pela troca de serviços recíprocos, relacionados exatamente ao emprego de suas aptidões. Dentro do esboço acima, conceitua-se a primeira como solidariedade "por semelhança", enquanto a segunda, "por divisão de trabalho".

Estas duas manifestações de solidariedade podem ser expressas em formas bastante diversas, conforme o contexto social; uma pode predominar sobre a outra, mas quando se observa uma sociedade, identifica-se a solidariedade como força de coesão que a mantém, por similitude ou por divisão de trabalho; a sociedade apresenta-se tanto mais forte quanto mais estreitos forem os laços de solidariedade entre seus integrantes. Além disso, observa-se também que, com o progresso, a solidariedade por divisão de trabalho aumenta cada vez mais, permanecendo a solidariedade por similitude em segundo plano. Os homens tornam-se acentuadamente diferentes entre si, diferentes por suas aptidões, necessidades, aspirações e, em função disso, o intercâmbio de serviços adquire um caráter bastante complexo e freqüente; daí os laços de solidariedade se tornarem mais intensos[2].

---

(2) Durkheim, no seu belo livro "Division du Travail Social" (1893), determinou com primazia a natureza íntima da solidariedade social, revelando suas duas formas essenciais: a solidariedade por similitude e a solidariedade por divisão do trabalho; designa ainda à primeira "mecânica" e à segunda "orgânica". Durkheim esgotou o assunto e, embora alguns pontos mereçam contestação, suas conclusões podem ser consideradas absolutas.

7. O DIREITO FUNDADO NA SOLIDARIEDADE SOCIAL

Estabelecidas a existência, a natureza e extensão do que se define como solidariedade social, torna-se fácil depreender em sua natureza o fundamento do direito. O homem vive em sociedade e só pode assim viver; a sociedade mantém-se apenas pela solidariedade que une seus indivíduos. Assim uma regra de conduta impõe-se ao homem social pelas próprias contigências contextuais, e esta regra pode formular-se do seguinte modo: não praticar nada que possa atentar contra a solidariedade social sob qualquer das suas formas e, a par com isso, realizar toda atividade propícia a desenvolvê-la organicamente. O direito objetivo resume-se nesta fórmula, e a lei positiva, para ser legítima, deve ser a expressão e o desenvolvimento deste princípio.

Esta ética, regra de direito emanente da solidariedade social, modela-se nesta e mostra-se com os mesmos caracteres. De igual modo, é ao mesmo tempo individual e social. A regra de direito é social pelo seu fundamento, no sentido de que só existe porque os homens vivem em sociedade. É ao mesmo tempo individual porque está contida nas consciências individuais. Rejeitamos a hipótese de consciência social. A regra é individual também, uma vez que só se aplica a indivíduos; uma ética só pode impor-se a seres dotados de consciência e de vontade; e até os dias de hoje não se demonstrou que outros seres, além do ser humano, tivessem consciência e vontade.

Individual, a regra de direito constitui-se diversa, exatamente por isso. Sendo a regra de direito similar para todos os homens, considerando que impõe a todos a cooperação na solidariedade social, estabelece, contudo, para cada um, deveres diferentes, porque a tendência e o potencial, em cada homem, são diferentes e por isso mesmo devem cooperar de maneira diferente na solidariedade social. Essa proposição invalida o conceito tão disseminado, principalmente na França revolucionária, da igualdade absoluta de todos os homens.

A regra de direito mostra-se ao mesmo tempo permanente e mutável. Toda sociedade implica solidariedade; toda regra de conduta dos homens que vivem em sociedade leva a cooperar nessa solidariedade; todas as relações sociais foram e sempre serão relações de similitude ou de divisão de trabalho. Daí se depreende a perenidade da regra de direito e do seu conteúdo geral. Mas, ao mesmo tempo, as formas sob que se manifesta a solidariedade por similitude e por divisão de trabalho podem variar, variaram e assim continuarão eternamente. A regra de direito, em sua aplicação, oscila em variações como as próprias formas da solidariedade social. A regra de direito, da forma como é concebida, não constitui uma regra ideal e absoluta, da qual os homens devam lutar por se aproximar sistematicamente, mas consiste em uma regra variável e mutável; e o papel do jurisconsulto determina qual regra se conforma mais perfeitamente à estrutura de determinada sociedade. Assim considerando, nossa concepção da regra de direito, fundada na solidariedade social, difere profundamente da concepção mais comum de direito natural, compreendido como direito ideal e absoluto.

Estabelecido o direito objetivo na solidariedade social, o direito "subjetivo" daí deriva, direta e logicamente. E sendo todo indivíduo obrigado pelo direito objetivo a cooperar na solidariedade social, resulta que ele tem o "direito" de praticar todos aqueles atos com os quais coopera na solidariedade social, refutando, por outro lado, qualquer obstáculo à realização do papel social que lhe cabe. O homem em sociedade tem direitos; mas esses direitos não são prerrogativas pela sua qualidade de homem; são poderes que lhe pertencem porque, sendo homem social, tem obrigações a cumprir e precisa ter o poder de cumpri-las. Esses princípios diferem da concepção do direito individual. Não são os direitos naturais, individuais, imprescritíveis do homem que fundamentam a regra de direito imposta aos homens em sociedade. Mas, ao contrário, porque existe uma regra de direito que obriga cada homem a desempenhar determinado papel social, é que cada homem goza de direitos — direitos que têm assim, por princípio e limites, o desempenho a que estão sujeitos.

A liberdade, sem dúvida, é um direito e não uma prerrogativa que acompanha o homem pela sua natureza de homem. A liberdade é um direito porque o homem tem o dever de desenvolver sua atividade tão plenamente quanto possível, uma vez que a sua atividade individual é fator essencial da solidariedade por divisão de trabalho. Enfim, o homem desfruta o direito de desenvolver sua atividade com liberdade, mas, ao mesmo tempo, só possui esse direito enquanto consagra seu exercício à realização da solidariedade social. A liberdade concebida dessa forma assume um caráter inabalável, pois nesse sentido consiste unicamente na liberdade de se cumprir o dever social[3].

O próprio direito de propriedade só deve ser atribuído a certos indivíduos que se encontrem numa característica situação econômica, como poder de desempenhar livremente a missão social que lhes cabe em virtude da sua situação especial. Concebendo o direito de propriedade como um direito natural, baseado na idéia de que o homem, ao exercer o direito de desen-

---

(3) A noção do direito fundada na ideia do dever difundiu-se a partir de Augusto Comte que assim concebeu: "A regeneração decisiva consistirá sobretudo em substituir sempre os direitos pelos deveres, para melhor subordinar a personalidade à sociabilidade. Só pôde haver verdadeiros direitos na medida em que os poderes regulares emanavam de vontades sobrenaturais. Para lutar contra essa autoridade teocrática, a metafísica dos cinco últimos séculos introduziu pretensos direitos que só comportavam um papel negativo; quando se tentou dar a eles verdadeiro sentido orgânico, depressa manifestaram tais direitos à sua natureza anti-social pela tendência a consagrar sempre a individualidade. Todos têm deveres para com todos, mas ninguém tem direito algum propriamente dito. Ninguém possui outro direito que não seja o de cumprir sempre o seu dever" (Augusto Comte, "Politique Positive", 1890,I, p. 351). Note-se a passagem do "Catéchisme Positiviste"(pp. 209-301), em que Comte exprime a mesma idéia em termos não menos enérgicos.

volver plenamente uma atividade, desfruta também do direito de se apropriar dessa atividade, chegamos conceitualmente ao comunismo; porque todo homem que trabalha deveria ser proprietário — e só o que trabalha poderia sê-lo.

Com a concepção da propriedade-direito-natural, surge um impasse da impossibilidade de justificar as propriedades que existam de fato, e da impossibilidade de limitar o exercício do direito de liberdade. A propriedade deve ser compreendida como uma contingência, resultante da evolução social; e o direito do proprietário, como justo e concomitantemente limitado pela missão social que se lhe incumbe em virtude da situação particular em que se encontra.

8. NOÇÃO GERAL DO ESTADO

Trabalhamos até aqui, para melhor determinar a noção e o fundamento do direito, com o conceito de uma sociedade hipotética, em que não houvesse qualquer indício de autoridade política, e assim julgamos ter estabelecido certa independência entre a noção de direito e o conceito de autoridade política. Se, consoante certos sociólogos, existem sociedades humanas em que não sobressai nenhum caráter de hierarquia política, parece evidente que em quase todas as sociedades, sejam humildes, bárbaras, poderosas ou civilizadas, encontramos indivíduos que parecem mandar em seus semelhantes e que de certo modo exigem obediência a suas determinações, fazendo uso da força quando julgam necessário.

Caracterizando assim a diferenciação política, os elementos que parecem comandar são os governantes; enquanto os comandados, os governados. Nessas sociedades sobressai uma autoridade política cuja natureza é sempre, em todos os lugares, irredutível. Qualquer contexto em que a consideremos: na horda primitiva, personificada num chefe ou grupo de anciãos; na cidade, com o chefe de família; nos grandes países modernos, considerada no conjunto mais ou menos complexo de grupos — príncipes, regentes, reis, imperadores, presidentes, parlamentos, etc. —, a autoridade sempre constitui um fato social da mesma ordem. Há diferença de grau, mas não de natureza.

No seu sentido mais amplo, a palavra "Estado" designa toda sociedade humana em que percebemos diferenciação política entre governantes e governados, ou, segundo expressão consagrada: uma autoridade política.

As tribos da África, mesmo sendo primitivas, obedecem a um chefe e constituem Estados da mesma forma que as grandes sociedades européias que desenvolvem um mecanismo de governo racional e complexo. Apenas ressalvamos que o emprego mais freqüente da palavra Estado resume-se a designar as sociedades em que predomina determinado grau de diferenciação política.

9. ORIGEM DO ESTADO

Apesar da terminologia empregada, o fenômeno que abordaremos a seguir não consiste efetivamente na questão da origem do Estado, mas trata da legitimidade do poder político. Em todas as sociedades em que existe diferenciação entre governantes e governados há indivíduos que parecem preponderar sobre outros mediante o constrangimento material. Desde o estabelecimento dessa relação, portanto, o espírito humano passou a refletir sobre questões sociais: É ou não legítimo o poder de mandar, sob a sanção do constrangimento, exercido pelos governantes? Deve-se obediência aos governantes? Se o poder da autoridade é legítimo e se lhe devemos obediência, por que sucede dessa forma?

A discussão exaustiva da questão, bem como sua pretensa solução, não avançaram muito. Isso não admira, pois é praticamente impossível chegar a um denominador comum sobre questão tão controversa, uma vez que jamais se poderá demonstrar como um homem, em virtude de qualidade que lhe é inerente, pode ter o poder de impor, pela força, sua vontade a outra pessoa. Este poder não se legitima pela qualidade dos que o exercem, pela sua origem, mas pelo caráter das coisas que ordena.

Inúmeras são as doutrinas que versam sobre o poder político, mas apesar dessa diversidade podemos classificá-las em duas grandes categorias: doutrinas "teocráticas" e doutrinas "democráticas".

10. DOUTRINAS TEOCRÁTICAS

Assim designamos as doutrinas que pretendem legitimar o poder político de um indivíduo pela assunção de um poder divino. Nesse sentido todas essas doutrinas já se encontram, de certo modo, condenadas pelo seu caráter não científico, uma vez que pressupõem a intervenção de forças sobrenaturais. Mas nem por isso são menos interessantes, considerando que constituem elemento integrante na história do pensamento político. Para melhor compreender o conteúdo da doutrina teocrática, podemos classificá-la em dois grupos, como o fez Vareilles-Sommières: as doutrinas do direito divino "sobrenatural" e as doutrinas do direito divino "providencial".

As "doutrinas do direito divino sobrenatural" consideram um poder superior — Deus — que teria criado não apenas o poder político, considerado em si mesmo, mas também designado a pessoa ou grupo de pessoas, uma dinastia, por exemplo, aptas, em dado contexto, a assumirem o poder político.

A doutrina do direito divino sobrenatural ganhou força sobretudo na França dos séculos XVII e XVIII. Aparece pela primeira vez, assim esboçada: "O rei de França só recebeu o reino de Deus e da espada", em oposição às pretensões da Santa Sé. Ao mesmo tempo, porém, os reis franceses gostavam de invocar a cerimônia da sagração, considerada por certos teólogos o oitavo sacramento e um sinal exterior através do qual a divindade conferia o poder do mando à pessoa real. A mais legítima expressão acerca do direito divino pode ser atribuída a textos de Luiz XIV e a um ato de Luiz XV. Nas "Memórias" de Luiz XIV, a autoridade de que se encontram investidos os reis é considerada uma delegação da providência; reside em Deus e não no povo a fonte do poder. Do mesmo modo, só a Deus devem prestar contas do poder assumido[4].

No célebre edito de Luiz XV, datado de dezembro de 1770, lê-se: "Só de Deus recebemos a nossa coroa: o direito de fazer leis...pertence-nos a nós somente, sem dependência e sem partilha..."

Sobre as "doutrinas do direito divino providencial", observa Vareilles-Sommières que "não é por uma manifestação sobrenatural da sua vontade que Deus determina o sujeito do poder: é pela direção providencial dos acontecimentos e das vontades humanas". Na conceituação da teoria do direito divino, o poder emana só de Deus; mas os homens que o possuem encarnam esse poder por meios humanos, que se realizam sob a direção invisível da providência divina, presente em todos os momentos.

---

(4) "Memórias" de Luiz XIV, Edic. de Dreyss, 1860, II, p. 336.

A doutrina do direito divino providencial conheceu dois ilustres intérpretes, no princípio do século: Joseph de Maistre e Bonald. A eles atribui-se uma respeitada conceituação da doutrina para a história do pensamento humano.

Entretanto, considerando que a base dessas doutrinas funda-se na crença da intervenção permanente de uma consciência sobrenatural neste mundo, elas prescindem, como já dissemos, de uma postura científica. Salientamos ainda que, diferente do que supomos, o absolutismo não constitui o resultado lógico deste processo. A doutrina do direito divino sobrenatural, ao afirmar que o chefe de Estado, cujo poder emana de Deus, só é responsável perante ele, conduz à eliminação de todo poder moderador. Nesta doutrina, não encontramos leis de moral religiosa suscetíveis de limitar o poder absoluto do soberano escolhido por Deus. Mas as doutrinas do direito divino providencial não são, de modo algum, inconciliáveis com um governo limitado pela intervenção de representantes do povo e pela existência de leis humanas que equilibrem a responsabilidade efetiva dos governantes.

11. DOUTRINAS DEMOCRÁTICAS

Doutrinas democráticas nem sempre são doutrinas liberais. Esse constitui, na verdade, um equívoco muito comum, que devemos evitar. Chamamos "democráticas" todas as doutrinas que determinam a origem do poder político na vontade coletiva da sociedade submetida a esse poder, e que atribuem a legitimidade do mesmo à circunstância de haver sido instituído pela coletividade que rege. Mas essas doutrinas, segundo dois de seus mais ilustres representantes: Hobbes e J. J. Rousseau, conduzem à onipotência do poder político e à subordinação completa e sem limites do indivíduo.

Considere-se também que as doutrinas democráticas de modo algum implicam uma forma republicana de governo. Conforme o próprio Rousseau, a teoria da origem popular do poder político concilia-se com todas as formas de governo, e a melhor será aquela que se adapte perfeitamente ao contexto social a que se refere.

O século XIX articulou-se principalmente sobre duas posturas políticas: o princípio de que todo poder emana do povo, e a criação de um Parlamento diretamente eleito pelo povo. E acreditou também que, proclamando a república como forma necessária da democracia, estava estabelecendo a liberdade sobre bases indestrutíveis. A história contemporânea comprova o equívoco dessas posturas. Aliás, parece-nos, devemos repudiar o governo do povo, pois dele emana uma tendência a julgar-se onipotente. Mediante o voto, criaram-se parlamentos contra o despotismo dos reis; devemos reconhecer agora o precário direito do indivíduo contra o despotismo dos parlamentos.

12. CRÍTICA DAS DOUTRINAS DEMOCRÁTICAS

A substância da doutrina democrática impregnou a legislação política da França moderna e dois artigos da legislação de 1789-1791 expressam legitimamente esse espírito: "O princípio de toda a soberania reside essencialmente na nação. Nenhum grupo e nenhum indivíduo pode exercer autoridade que não emane expressamente dela"[5]. "A soberania é una, indivisível, inalienável e imprescritível. Pertence à nação; nenhuma facção do povo nem indivíduo algum pode atribuir-se o exercício dela"[6]. Estas disposições foram sacralizadas por certa escola política, como dogmas intangíveis, como mandamentos de uma religião revelada, e ainda hoje persistem como princípios positivos do nosso

---

(5) "Declaração dos Direitos", de 1789, art. 3º.

(6) Constituição de 1791, tit III, pr., art. 1º.

direito político. Entretanto, como não admitimos dogma algum, devemos discutir o valor do presente. E, nesse sentido, não é difícil demonstrar que tal valor é nulo e que o pretenso dogma da soberania nacional constitui hipótese gratuita e, mais do que isso, postulado inútil.

Em primeiro lugar, a soberania da coletividade implica que a coletividade possui uma personalidade, uma vontade distinta da pessoa, da vontade dos indivíduos que a compõem. Definitivamente, isso é indemonstrável. Para conceber a existência de um "eu comum", de uma pessoa coletiva, Hobbes, Rousseau e todos os que adotam a mesma idéia viram-se obrigados a recorrer à hipótese do contrato social. Mas constitui um raciocínio equivocado explicar a sociedade pelo contrato; uma vez que este surgiu no espírito do homem a partir do dia em que viveu em sociedade. Por outro lado, ainda quando houvesse um acordo tácito entre todos os membros do corpo social, nem por isso emergiria uma vontade geral e comum e um "eu comum". Pelo contrato social, os membros de determinada comunidade desejam a mesma coisa; mas nada prova que desse concurso de vontades advenha uma vontade distinta das vontades individuais concorrentes.

Mesmo admitindo a possível existência dessa vontade comum, não se estaria demonstrando a possibilidade de ela impor-se aos indivíduos. Admitindo que o poder político pertence à coletividade personificada, ainda assim não fica demonstrado que ele se mostra legítimo. Por que considerar a vontade da coletividade superior à vontade individual? Ao expressar-se coletivamente, a vontade não deixa de ser uma vontade humana. A Revolução idealizou a substituição do direito divino dos reis pelo direito divino do povo; sem dúvida uma proposição razoável, afirmar, que a coletividade tem o poder legítimo de mandar, pelo fato de ser coletividade, representa uma asserção de ordem metafísica ou religiosa análoga à concepção do direito divino dos reis.

Rousseau polemizou ao escrever: "Enfim, na medida em que cada um se dá a todos, não se dá a ninguém". Trata-se, evidentemente, de um sofisma. Na verdade, esta pretensa vontade geral só se exprime mediante uma maioria. E o poder público, o poder de mandar, pertence a uma maioria que impõe a sua vontade a uma minoria. Não se pode demonstrar que uma maioria possua legitimamente o poder de impor a sua vontade, nem mesmo constituindo-se em 99%. O poder de mandar atribuído a uma minoria pode ser uma necessidade de fato, mas jamais um poder legítimo.

O princípio da soberania nacional é não só indemonstrado e indemonstrável, mas também inútil. É saudável que a maioria dos indivíduos de um determinado país esteja associada à sua história de pensamento político e nesse sentido consideramos mesmo que o progresso consiste em elevar o grau de cultura geral e em fazer participar do poder político um número cada vez maior de pessoas. E portanto a busca da regulamentação e organização do sufrágio universal deve ser o ideal almejado por todos os Estados. É pois razoável a defesa do princípio de soberania do povo, quando conduz com legitimidade ao sufrágio universal, embora isso não aconteça necessariamente. A soberania, assim concebida, não constitui a soma das vontades individuais, mas uma vontade geral em que vêm fundir-se as vontades individuais. Rousseau, ao afirmar (Liv. III cap. I) que o Estado é composto de 10.000 cidadãos, cabendo a cada um a décima milésima parte da autoridade soberana, cai em contradição, pois, depois de conceber a soberania indivisível, afirma o seu fracionamento em tantas partes quanto o número de cidadãos e, dentro ainda desse espírito paradoxal, atribui a soberania primeiramente ao "eu comum" e, em seguida, à soma dos cidadãos.

A soberania nacional constitui a pessoa coletiva que a possui, enquanto os cidadãos, individualmente, não possuem qualquer parcela da mesma, e não apresentam direito algum de participar no seu exercício. Assim, o sufrágio universal não deriva do princípio da soberania nacional. A conseqüência desse processo constitui encontrar o melhor sistema para expressar a vontade nacional, mas isso não prova que tal sistema seja o sufrágio universal. Tanto isso é verdadeiro que a Assembléia de 1789 na França não pretendeu, ao estabelecer o sufrágio restrito e em dois graus, violar o princípio da soberania nacional que solenemente promulgara. A própria Convenção, depois de estabelecer o sufrágio político universal na Constituição inaplicada de 1793, restabeleceu o sufrágio restrito e em dois graus na Constituição do ano III, e nem por isso deixa de proclamar no art. 17 da "Declaração dos Direitos" que "a soberania reside essencialmente na universalidade dos cidadãos". Os autores da Constituição do ano VIII suprimem de forma absoluta o direito eleitoral, o que não os impede de proclamar: "a revolução se mantém fiel aos princípios que lhe deram início" ("Proclamação dos Cônsules", 24 frimário, ano VIII). Portanto, nem o próprio dogma da soberania do povo pode dar fundamento à participação de todos no poder político.

O sofisma de Rousseau: "cada um dando-se a todos não se dá a ninguém" ("Liv. I, cap. VI) e "quem se recuse a obedecer à vontade geral será coagido a isso por todo o grupo, o que não significa outra coisa além de que o obrigarão a ser livre" ("Liv. I, cap. VII) incutiu em muitos espíritos o equívoco de que um povo conquista a sua liberdade no mesmo dia em que proclama o princípio da soberania nacional e que o sufrágio universal e os seus eleitos podiam fazer tudo e impor sua vontade, constituindo aquela autoridade que, segundo expressão de Jurieu, "não precisa ter razão para validar seus atos". Na realidade, nada disso acontece, a revolução surgiu para proteger o indivíduo do absolutismo monárquico, fundado no direito divino dos reis, esse o seu propósito.

Entretanto, a partir daí, surge o despotismo das assembléias populares, mais radicais que as precedentes, estabelecidas contra o despotismo dos reis. A injustiça é sempre injusta, seja praticada pelo povo, seus representantes ou por um príncipe, e, com freqüência, a instituição da soberania popular costuma esquecer-se disso.

13. FORMAÇÃO NATURAL DO ESTADO

Considerando os preceitos analisados até aqui, podemos afirmar que o poder político é um fato que não admite em sua natureza cunho de legitimidade ou ilegitimidade. Consiste, sim, de uma evolução social, cuja forma e característica deve vir a ser determinada pela sociologia. Não estudaremos pormenorizadamente aspectos dessa evolução, mas elencamos suas fases principais, procurando determinar seus fatores mais ativos.

Entre todas as sociedades chamadas de Estado, das mais primitivas às mais complexas, encontramos sempre um fator comum: indivíduos mais fortes que querem e podem impor a sua vontade aos restantes e, nesse caso, pouco importa que esses grupos estejam ou não fixados em um território, que sejam ou não reconhecidos por outros grupos, com estrutura homogênea ou diferenciada. A imposição dessa vontade reveste-se de variadas expressões: força exclusivamente material, força moral e religiosa, força intelectual ou força econômica. O poder econômico não constitui o único vetor do poder político, conforme pretendia a escola marxista (teoria do "materialismo histórico"), mas desempenhou, certamente, na história das instituições políticas, um papel de primeira ordem.

Assim, em todos os países e em todos os tempos, em qualquer das modalidades de força, acima elencadas, os mais fortes quiseram e conseguiram impor-se aos outros. Os governantes representam sempre a força reconhecida. Muitas vezes, tentaram, com o concurso dos seus colaboradores, apresentar-se como delegados de um poder sobrenatural na terra. A idéia teocrática desempenhou relevante papel em épocas de desdobramentos religiosos. Hoje em dia, revela-se, de maneira geral, ineficiente para a sociedade, cujo positivismo prescinde de religiosidade. Adotou-se, assim, a ficção da vontade social: a autoridade respectiva, rei, imperador, presidente, o grupo parlamentar, ou uma assembléia popular constituem o órgão da vontade coletiva que se impõe às vontades individuais, e que se impõe por traduzir exatamente a vontade coletiva.

Já demonstramos (item 2) que conceitos teocráticos e democráticos são inconsistentes, do mesmo modo como o direito divino do povo não tem mais legitimidade que o direito divino dos reis.

Direito divino, vontade social, soberania nacional, todas constituem doutrinas estabelecidas sobre sofismas com que os governantes iludem as pessoas e também a si mesmos. Sem dúvida, essas concepções, em determinados contextos, representaram momentos significativos, refletindo-se em movimentos sociais decisivos. Mas o elemento a ser salientado, em toda essa gama de doutrinas, é a distinção positiva entre governantes e governados, é a relação que se estabelece mediante ordens que são sancionadas por um constrangimento material, e o monopólio que um certo grupo faz desse poder coercitivo.

14. FIM E FUNÇÕES DO ESTADO

Considerando o poder político fato legítimo, infere-se que as ordens desse poder são também legítimas quando se conformam com o direito; a par com isso, o emprego do constrangimento material pelo poder político é autêntico quando visa assegurar a sanção do direito. Este é um detalhe que importa salientar. Nem uma entidade possui o direito de mandar nos outros sem que suas determinações se conformem com as normas do direito, seja esta entidade um rei, um parlamento, um imperador, ou uma assembléia popular. Portanto, a discussão acerca do fim a que se destina o Estado, ou poder político, pode ser esclarecida considerando-se que o poder político tem por fim realizar o direito, comprometendo-se, em virtude do direito, a realizar tudo que estiver ao seu alcance para assegurar o reino do direito. O Estado fundamenta-se na força, e esta força legitima-se quando exercida em conformidade com o direito. Não aceitamos, nos moldes de

Lhering, o direito como a política da força, mas sim que o poder político é a força a servi-lo.

Sendo o fim do Estado essencialmente um fim de direito, e só podendo manifestar a sua atividade em conformidade com o direito e dentro de seu domínio, os atos que venham a ser realizados devem estar classificados segundo o efeito desencadeado no mundo do direito. Assim chegamos a distinguir como funções do Estado: a legislativa, a jurisdicional e a administrativa.

Na função legislativa, o Estado constitui o direito objetivo ou regra de direito; elabora a lei que se impõe a uma sociedade, e por ser a expressão do direito objetivo, sobrepõe-se a todos. Pela função jurisdicional, o Estado intervém nas ocasiões de violação do direito objetivo ou nas contestações relativas à existência ou extensão de uma situação jurídica subjetiva; ordena a reparação, repressão ou anulação, conforme o caso, quando há dolo do direito objetivo; estabelece as medidas pertinentes para assegurar a consecução de situações jurídicas subjetivas de que reconhece a existência e extensão. Enquanto função administrativa, o Estado consuma atos jurídicos, isto é, intervindo nos limites do direito objetivo, cria situações jurídicas subjetivas ou efetiva providências, gerando uma situação legal ou objetiva.

15. CONSTRUÇÃO JURÍDICA DO ESTADO

Os homens que detêm o poder são submetidos ao direito e a ele ligados. O Estado está submetido ao direito; é, segundo a expressão germânica: "Rechtsstaat", um Estado de direito. A partir do momento em que se compreendeu o significado da expressão Estado de direito, emergiu a vigorosa necessidade de edificar a construção jurídica do Estado. Sob a premência desta necessidade, surgiu a denominada teoria "Estado sujeito de direito", ou teoria da "personalidade jurídica do Estado".

O Estado é um sujeito de direito. Os elementos constituintes desta natureza são a coletividade, o território que ocupa e o governo que a representa. Não abordaremos aqui a questão pertinente à personalidade jurídica do governo ou do Estado enquanto representantes da coletividade organizada. Apenas ressaltamos que nesta teoria os Estados podem ser considerados pessoas jurídicas, sujeitos de direito, constituídos pelos elementos acima elencados.

A personalidade jurídica é concebida, por alguns, como inverossímil, admitida apenas para a construção jurídica do Estado e para determinar um sujeito, suporte do poder público, concebido como direito subjetivo.

Sob outro ponto de vista, o Estado, ou a coletividade, constitui uma pessoa dotada de consciência e vontade.

Finalmente, de acordo com outra concepção, a personalidade do Estado não é uma ficção, e também não se admite a coletividade como substância pessoal. O sujeito de direito, a pessoa jurídica, constitui uma capacidade concebida pela ordem jurídica e a lógica não obriga que essa capacidade seja concedida a um ser humano. O Estado é um fato real; um grupo social, unidade coletiva. As unidades coletivas não são menos suscetíveis que os indivíduos de constituírem pessoas jurídicas, sujeitos de direito. O Estado, grupo social, unidade coletiva, é um sujeito de direito.

De qualquer modo, o Estado seria titular do "poder público", do "Imperium (Herrschaft)", concebido como direito subjetivo: o direito de dar ordens e de impor obediência mediante constrangimento. Na nomenclatura do direito francês, este direito chama-se "soberania"; expressão que pode gerar polêmicas.

O Estado, sendo pessoa jurídica, adquire também direitos patrimoniais. A abrangência desses direitos patrimoniais pode multiplicar-se e está condicionada à abrangência das funções do Estado em todos os domínios da atividade humana. Sendo titular de direitos patrimoniais, é, por extensão, também titular de dívidas patrimoniais. O conjunto de direitos e encargos configuram um patrimônio cujo titular é o Estado. Discute-se o conceito de o Estado, pessoa jurídica patrimonial, o Estado-fisco, apresentar personalidade distinta do Estado enquanto sujeito de direito do poder público[7].

A teoria do Estado-pessoa falha ao basear-se numa concepção metafísica "a priori", uma construção jurídica fundamentada em conceitos escolásticos ultrapassados e pouco científicos. O estabelecimento jurídico do Estado deve prescindir de absurdos metafísicos que o prejudiquem. O edifício jurídico só tem valor enquanto síntese de fatos reais, enquanto exprime uma realidade social, fundamento de uma regra de conduta ou de uma instituição política. A construção jurídica do Estado perde seu valor se não expressa, em fórmulas abstratas, realidades concretas. A teoria do Estado-pessoa e da soberania-direito não corresponde a isso, uma vez que considera o Estado portador de personalidade distinta dos indivíduos que a constituem, sendo esta, essencialmente, dotada de vontade superior a todas as vontades individuais e coletivas de determinado território, constituindo, assim, essa superioridade de vontade a soberania-direito. Tais considerações conduzem a polêmicas infrutíferas.

---

(7) Consulte-se sobre a personalidade coletiva em geral e especialmente sobre a personalidade do Estado, Michoud: "Théorie de la personalité morale", parte I, 1906, e parte II, 1909; Saleilles: "De la personalité juridique", 1910; Hauriou "Principes de Droit Public", 1910, p. 639 e seg., e segunda edição, 1916, p. 41 e seg.

O agrupamento social é uma realidade a que não podemos atribuir uma consciência e vontade distintas da consciência e vontade individuais. No agrupamento social aflora uma distinção entre fortes e fracos, mediante a qual alguns impõem-se a outros e tomam o nome de governantes. A realidade é a interdependência social abrangendo governantes e governados e exigindo dos primeiros o empenho em assegurar a realização do direito. A realidade é a obediência devida às regras formuladas por governantes, quando e enquanto estas são a expressão e prática de norma de direito; é o emprego legítimo da força para assegurar o respeito às determinações estabelecidas pelos governantes, enfim é o caráter das instituições que devem preservar o cumprimento do dever. Vamos designá-las com o nome de "serviços públicos".

A instituição jurídica do Estado, dessa forma, acompanha os fatos de tão perto quanto possível. Rejeitados os conceitos metafísicos de pessoa coletiva e soberania, compõe-se de seis elementos: 1° – uma coletividade social determinada; 2° – uma distinção nesta coletividade entre governantes e governados, sendo, os primeiros, governantes por possuírem maior força; 3° – a obrigação jurídica de assegurar a realização do direito; 4° – a obediência a toda regra geral, concebida pelos governantes para verificar ou aplicar a regra de direito; 5° – o emprego legítimo da força, para sancionar todos os atos em conformidade com o direito; e 6° – o caráter próprio de todas as instituições que asseguram o cumprimento do dever de governos ou serviços públicos.

O Estado não deve conceber-se como coletividade personificada, investida de ordem soberana, mas é comum em uma determinada coletividade aflorarem distinções a estabelecer que o grupo dos mais fortes formula o direito, sanciona, organiza e fiscaliza serviços públicos.

Nossa doutrina, nesse sentido, é "realista" e "positiva", pois nela o Estado apresenta-se como fato. A concepção de Estado-fato deve substituir a concepção Estado-pessoa, do mesmo modo que Estado-pessoa substituiu Estado-patrimônio.

Antes de prosseguir, vale considerar que o uso que vimos fazendo da expressão Estado não designa aquela pretensa pessoa coletiva e soberana, mas o homem real, seus poderes e obrigações de governante.

16. O ESTADO OBRIGADO PELO DIREITO

Admitindo o Estado como pessoa, sujeito de direito, confirma-se, desse modo, sua sujeição à alçada do direito, e nesse sentido, além de titular dos direitos subjetivos, sujeito ao direito objetivo. Em suma, consoante a expressão alemã, um Rechtsstaat, cuja tradução já referimos.

Dizer que o Estado sujeita-se ao direito significa, em primeiro plano, que o Estado legislador vê-se obrigado pelo direito a elaborar determinadas leis em detrimento de outras. Em segundo, que o Estado, após conceber uma lei, e durante sua vigência, sujeita-se a essa mesma lei: pode sim modificá-la, revogá-la, mas sujeitando-se-lhe como qualquer indivíduo. Os seus funcionários administrativos, seus juízes e legisladores devem aplicar a lei e agir dentro dos limites por ela estabelecidos. Nisto consiste o regime da "legalidade".

De que maneira é possível explicar a obrigação, por parte do Estado, de elaborar determinadas leis em detrimento de outras? E como fundamentar a limitação jurídica do Estado mediante um direito não escrito, que se configura primaz e superior?

Analisemos estas questões sob a doutrina dos direitos individuais naturais: o homem, devido à sua natureza humana, goza de certos direitos individuais anteriores à própria sociedade, à criação do Estado, e, assim sendo, nada pode atentar contra sua legitimidade. O fim do Estado consiste na preservação desses direitos[8]. Infere-se daí que o Estado é coagido, pelo direito, a elaborar leis assegurando a consumação desses direitos? E nesse sentido a doutrina dos direitos individuais fundamenta em relação ao Estado não só obrigações negativas mas do mesmo modo as positivas?

Nos países onde vige o sistema das Constituições rígidas, das "Declarações" e das "Garantias do direito" (como França e Estados Unidos da América do Norte), este condicionamento, vetando a elaboração de determinadas leis, é expressamente reconhecido. Mas esta obrigação não foi criada pelas Constituições, estas últimas limitaram-se a reconhecê-la. Nestes países, o legislador não pode conceber leis contrárias às Declarações dos Direitos ou às Constituições. Transcrevemos o título I, parágrafo 3, da Constituição de 1791: "o poder legislativo não poderá fazer leis que signifiquem atentado ou obstáculo ao exercício dos direitos naturais e civis consignados no presente título e garantidos pela Constituição". Ainda que estas Declarações e Constituições não existissem, continuaria a vigorar para todos os países, e conforme a doutrina individualista, a noção de que o Estado jamais pode elaborar uma lei que atente

---

(8) "Declaração dos Direitos de 1789", art. 2º, e de 1793, art. 1º.

contra os direitos particulares naturais. A sua intervenção consiste, pela lei, em restringir os diretos de cada um, visando o equilíbrio na manutenção dos direitos de todas as pessoas.

A limitação jurídica do poder legislativo do Estado, segundo nossa doutrina, baseia-se em que deve ser aplicada aos elementos detentores do poder e não ao Estado considerado como pessoa. Nesse sentido, essa limitação é sobretudo rigorosa. Como todos os indivíduos, os governantes têm deveres jurídicos fundados na interdependência social; assemelham-se a todos os indivíduos obrigados a submeter suas aptidões a serviço da solidariedade social. A maior força existente em uma sociedade pertence ao governo e, em virtude disso, deve ser obrigado a empregá-la sempre na consecução da solidariedade social. Assim, devem elaborar todas as leis visando chegar a esse resultado; e "a fortiori" não podem fazer qualquer lei contrária ao próprio desenvolvimento desta solidariedade. O direito impõe aos governantes não apenas deveres negativos, mas também positivos.

O Estado, elaborando a lei, obriga-se a respeitá-la enquanto existir. Pode modificá-la, revogá-la, mas durante o tempo de sua vigência só pode agir no limite fixado pela mesma lei; e, ainda nesse sentido, constitui um "Estado de direito". O Estado, em virtude de sua natureza, submete-se aos seus próprios tribunais. Pode ser parte de um processo, ser condenado pelos seus próprios juízes, e é submetido como qualquer um quando executa determinada sentença contra si próprio. Falta explicar como pode o Estado obrigar-se à lei que sua própria entidade elabora.

Os antigos tratadistas, consideravam o rei "lege solutus", isto é, o rei tinha o poder de se isentar da aplicação das leis, em certos casos partículares[9]. Só depois da Revolução legitimou-se que o Estado administrador e juiz deve aplicá-la em quaisquer circunstâncias, enquanto viger. A afirmação é resultado lógico da teoria dos direitos naturais. Nesta doutrina, lei é lei, e sendo desejada pelo Estado, presume-se que tem por fim a proteção dos direitos individuais, que se impõem não só aos indivíduos mas também ao Estado; conseqüentemente o Estado é obrigado a respeitar a lei porque deve zelar pelos direitos individuais. Todo atentado à lei constitui um atentado aos direitos individuais e, nesse sentido, deve sofrer coação. É dever do legislador organizar os poderes públicos de modo a que o perigo da violação da lei se reduza ao mínimo e toda infração à lei por parte dos poderes públicos seja reprimida com energia. Nenhum órgão do Estado pode violar a lei, mesmo quando se tratar do órgão encarregado de elaborá-la.

Admitindo a doutrina da solidariedade social em detrimento da teoria dos direitos individuais, chega-se à mesma conclusão. A força obrigatória da lei não deriva da vontade dos governantes mas da conformidade com a solidariedade social. Desta forma, governantes e governados sujeitam-se-lhe na mesma medida, pela regra do direito fundada na solidariedade social.

Quando um indivíduo, investido de determinada patente do poder público, governante ou agente de governante, viola a lei, atenta contra o direito objetivo. Ainda nessa doutrina, é uma obrigação, imposta aos governantes, a criação de um organismo capaz de reduzir ao mínimo a possibilidade de violação da lei, de forma a punir toda infração com severidade.

---

(9) Veja-se especialmente Domat: "Le Droit Public", liv. I, tít.ll, sec. II, parágrafos 6 e 13, pp. 10 e 11, Paris, 1713.

17. O DIREITO PÚBLICO

O direito público é o conjunto das regras aplicadas ao Estado e, em nossa doutrina, aos governantes e seus agentes, em suas relações recíprocas e com particulares. Constitui o direito objetivo do Estado, o "Staatssrecht". Já sabemos também porque o Estado ou os governantes são regidos pelo direito.

O direito público submete-se à excelsa lei de evolução do direito. Existe, antes de tudo, nas consciências individuais e tende a se exteriorizar. Traduz-se, primeiro, no exterior, pelo costume. Em nossa concepção, o costume não constitui um modo de criação do direito, mas um meio de verificação. Não devemos considerá-lo, como a escola de Savigny e de Puchta, uma criação da consciência do povo. O direito só pode formar-se e desenvolver-se num meio social, regulando as relações dos indivíduos integrantes de uma sociedade, e configurando, enfim, uma criação da consciência individual e um modo de verificação do direito social. Quando determinada maneira de proceder acaba se repetindo com freqüência e por longo tempo, todas as vezes que a mesma situação se apresente, delimita-se esse procedimento como uma regra consuetudinária. Não foi o costume que a transformou em regra de direito mas uma regra de direito que se manifesta pelo costume.

O costume pode ser identificado de diversas maneiras. Em relações privadas, aparece sobretudo juridicamente nas convenções das partes, nas cláusulas contratuais chamadas de estilo e também nas decisões da jurisprudência que, com toda certeza, não criam direito, mas constituem o meio de verificação mais exato e preciso para o costume. O costume, manifestação de direito público, aparece nas decisões, nas declarações formuladas, nas práticas estabelecidas durante certo tempo, por governantes ou seus representantes. Na Inglaterra, por exemplo, a maior parte do direito constitucional verifica-se apenas pelo costume parlamentar, que é o produto de uma prática observada pelos poderes públicos há muito tempo. Na França, o costume, no direito constitucional, desempenha papel menos significativo, mas ainda assim o seu domínio possui certa extensão. Há uma dimensão do direito público, chamada direito administrativo, em que é considerável a zona de direito comprovada pelo costume e em que o fator essencial de formação consuetudinária é a jurisprudência, particularmente a referente ao nosso conselho de Estado.

As sociedades contemporâneas, na evolução geral do Estado, chegaram ao conceito da expressão do direito pela lei positiva que emana do Estado. Já consideramos que o principal papel do Estado consiste em confirmar, em documento registrado, decretado e promulgado segundo parâmetros estabelecidos, a regra de direito, decretando, concomitantemente, disposições de pormenor ou regulamentares (leis construtivas), para assegurar sua aplicação. O direito público, de modo semelhante ao privado, encontra hoje a sua expressão sobretudo na lei escrita. Todas as sociedades civilizadas chegaram ao que se pode denominar período de direito legislativo, isto é, o período em que o modo essencial de verificação do direito constitui lei positiva concebida pelo Estado. O direito objetivo constitui hoje, certamente, a "lei escrita", tanto no direito público como no privado.

Contudo, a lei escrita positiva não é todo o direito; não é todo o direito público, como também não é todo o direito privado. A par com a expressão legislativa do direito, o costume desempenha papel importante e, nesse sentido, muitas regras consuetudinárias sobrepõem-se às regras legislativas. Emerge entre a lei escrita e a regra consuetudinária uma série de ações e reações. Muitas vezes, a lei escrita acabou contribuindo para dar mais precisa expressão a uma regra que já estava estabelecida pelo costume. Por outro lado, certas disposições da lei escrita, que talvez no momento de sua promulgação não correspondessem exatamente à situação prevista, provocaram a emergência de um uso que, pela sua repetida aplicação, fez surgir uma regra de direito que havia sido, de alguma maneira, formulada antecipadamente pelo legislador.

O direito público pode ser reconhecido, em países modernos, por duas categorias de leis: as "constitucionais" e as "ordinárias". Para evitarmos uma polêmica conceitual, distinguimos as leis constitucionais, que designam todas as leis de organização política, daquelas que abordaremos aqui com o nome de "leis constitucionais rígidas". A França, Estados Unidos e mais alguns países vivem em regime de Constituições rígidas. Ao contrário, a Inglaterra conhece uma única categoria de leis. Esta distinção entre leis constitucionais e ordinárias é de natureza formal. Enfim, existem determinadas leis feitas por um órgão especial que não podem ser modificadas nem revogadas pelo legislador ordinário. Geralmente, essas leis ordinárias contêm disposições referentes às obrigações gerais do Estado em organização política. Mas o seu objeto não é o mais importante e seu caráter depende exclusivamente do órgão que as elabora.

18. DIVISÕES DO DIREITO PÚBLICO

O direito público, assim reconhecido pelo costume e pela lei escrita constitucional ou ordinária, divide-se em segmentos que se interpenetram intimamente, mas cuja natureza deve ser explicitada para que se possa descrever uma sistemática existente nas regras do mesmo.

Em primeiro lugar, encontramos o "direito público externo" ou "direito internacional", ou "direito das gentes", abrangendo um conjunto de regras de direito aplicáveis aos Estados, nas relações que estabelecem entre si. Distingue-se, freqüentemente, o "direito internacional público" do "internacional privado". Em essência, esta distinção não existe; o que se convencionou chamar direito internacional privado é na verdade direito público, uma vez que abrange as regras aplicáveis aos conflitos entre dois Estados. Estas regras regulam, mediante respectiva legislação, as relações privadas de seus indivíduos ou das pessoas que se encontram em seu território.

Ao direito público "externo" opõe-se o "interno", que abrange todas as regras aplicáveis a determinado Estado. Uma primeira instância do direito público "interno" aplica as regras de direito referentes ao Estado, considerado em si mesmo; determina as obrigações que se lhe impõem, os poderes de que é titular e também sua organização interna. Acredita-se que o Estado não estabelece relação com outras personalidades e estudam-se as regras que se aplicam ao Estado no âmbito das relações dos governantes entre si e seus representantes.

Esta primeira instância é extremamente ampla. Por um lado, devido ao fato de atualmente preponderar uma noção precisa do Estado de direito a par com o conceito de que o fim essencial a atingir consiste em limitar o Estado pelo direito, determinando com rigor seus direitos e obrigações. E, por outro lado, devido ao próprio papel do Estado moderno, que, dilatando progressivamente seu valor, determina uma organização interna sempre mais complexa. Esta primeira parte do direito público interno denomina-se "direito constitucional" (adotando a palavra num sentido muito amplo, diferindo da acepção restrita que as leis constitucionais rígidas empregam). A expressão "direito constitucional" parece limitada exatamente por originar a controvérsia assinalada, mas, apesar disso, largamente utilizada. De nossa parte, para corresponder à sua contemporaneidade, utilizamos a expressão como título de livro que consagramos ao estudo do direito público[10].

---

(10) Refere-se ao "Manuel de Droit Constitutionnel".

Em seguimento às observações anteriores, vamos abordar as regras relativas à atividade exterior dos governantes e dos que os representam. Esta segunda instância do direito público interno é vasta e sua abrangência aumenta à medida que as atividades, cujo exercício os governantes devem assegurar, e os serviços públicos correspondentes são incrementados. Sabemos também quão prodigioso desenvolvimento as urgências da guerra trouxeram à atividade do Estado.

O recrudescimento da atividade estatal, antes da guerra, foi alvo de críticas e de pesar para alguns, enquanto outros aprovavam e encorajavam, gerando, portanto, acirradas polêmicas. Desse fato, hoje, consideramos como conseqüência a formação de um número cada vez maior de regras jurídicas. Em nenhum momento o homem deixa de estar em contato com governantes e seus representantes. Este vínculo permanente gerou uma série de regras, na sua maior parte escritas, algumas consuetudinárias, que compõem a segunda parte do direito público. A legislação e a jurisprudência modernas, particularmente a francesa, intervieram aqui, freqüentemente, porque foi no contato incessante do indivíduo com o Estado que apareceu sobretudo o perigo das arbitrariedades e que se sentiu a necessidade de evitá-lo a todo custo. Considerando a vasta extensão da questão no direito público, estabelecemos uma subdivisão. A mais lógica funda-se na distinção de duas funções do Estado: a administrativa e a jurisdicional. A função de constrangimento não apresenta um caráter especificamente "jurídico"; consiste em assegurar, mediante o emprego de força, a execução dos atos administrativos ou jurisdicionais e, conseqüentemente, não lhe pode corresponder uma parte do direito público. Ao exercício da função administrativa corresponde o "direito administrativo", abrangendo o conjunto das regras aplicáveis aos efeitos dos atos administrativos, bem como aos dos serviços públicos. Aí reside, em nossos dias, a importância do direito público, uma vez que por meio de atos administrativos o Estado realiza sua intervenção tão freqüente e ativa em todos os domínios da vida social: indústria, comércio, ensino, relações de capital e trabalho; e por meio de atos administrativos o Estado obtém e administra os enormes capitais de que necessita para cumprir a sua missão; é, ainda, pelos mesmos atos que o Estado desempenha seus deveres de assistência e proteção aos fracos, desprotegidos, doentes — deveres que lhe foram consagrados pela Lei de 14 de julho de 1905. O alcance do direito administrativo é tão amplo que ganhou subdivisões, pertinentes ao direito financeiro, ao direito industrial, e à legislação sobre assistência pública.

A última subdivisão do direito público corresponde à função jurisdicional e compreende todas as regras de direito aplicáveis ao exercício desta função. Na França, em virtude de particular organização da função jurisdicional e da competência muito larga em matérias jurisdicionais, atribuída a funcionários da ordem administrativa, boa parte do direito jurisdicional, sob o nome de contencioso administrativo, pertence ao direito administrativo. Fato análogo sucede em outros países. De qualquer modo, consideramos o "direito jurisdicional" como subdivisão distinta do direito público. A expressão, contudo, ainda não está em uso[11], porque esta parte do direito público compreende todas as regras que se aplicam à intervenção do Estado ao julgar em matéria civil e penal, constituindo dois braços das legislações modernas: o "direito processual" e o "direito criminal", ambos objeto de disciplinas distintas mas conjugadas no direito público.

---

(11) Nota do Editor – A obra "Fundamentos do Direito" foi escrita no início do século, década de vinte, daí a observação do autor.

19. O DIREITO PÚBLICO
E O DIREITO PRIVADO

Opõe-se o direito "público" ao "privado", que constitui o conjunto das regras consuetudinárias ou escritas, aplicáveis às relações dos particulares. A discussão que os dois conceitos suscitam é bastante antiga; está presente em indagações de jurisconsultos romanos[12]. Desde que houve um aumento considerável das matérias jurídicas nas faculdades de direito, passou a ser necessário estabelecer um desdobramento, considerando o princípio da distinção entre direito público e direito privado. Importa prevenir o leitor acerca de determinada doutrina, muito em voga, que estabelece uma fronteira absoluta entre direito público e direito privado; nela, noções verdadeiras entre particulares deixam de ser verdadeiras quando se pretende aplicá-

---

(12) Ulpiano, Liv. I, parágrafo 2, "Dig., De justitia et Jure", I, 1; "Institutas",I, 1, IV.

las a relações que abrangem governantes e seus representantes. O direito privado constitui um conjunto de regras aplicáveis a pessoas semelhantes, regras que perdem a aplicabilidade quando se pretende determinar relações de direito público, uma vez que, em tal contexto, essas relações emergem entre pessoas desiguais, sendo que uma destas entidades, seja o Estado ou pessoa pública, exerce um direito de poder sobre a outra.

Não admitimos essa distinção entre direito público e privado. Refutamos a personalidade, a soberania do Estado e a existência de regra aplicável às relações de pretensa pessoa coletiva soberana a impor sua vontade a outros indivíduos. Podemos ainda sustentar, como considera Seydel, a noção de soberania e de regra de direito que limita essa soberania, excluindo-se mutuamente.

Sob nosso ponto de vista, os governantes são indivíduos semelhantes a quaisquer outros, também implicados nos laços de solidariedade social, e submetidos também à regra de direito que se funda nesta solidariedade. A regra de direito imposta aos governantes é a mesma para os governados. Nas relações dos governantes com os governados, e nas relações recíprocas entre governados, só pode haver uma regra de direito, que é sempre a mesma: cooperar na solidariedade social. O direito público e o direito privado têm, portanto, igual fundamento.

Aconteceria o mesmo se, em vez de fundamentar a regra do direito na solidariedade social, a fundamentássemos na concepção individualista. A regra de direito consuetudinária ou escrita impõe-se aos governantes e aos particulares por tender à proteção dos direitos individuais: também nesta doutrina, as regras de direito privado baseiam-se em idênticos princípios.

Só se pode distinguir direito público de direito privado, ao se condicionar a criação do direito ao próprio Estado. Admite-se, então, que o direito privado baseia-se na "ordem" determinada pelo Estado a seus indivíduos, enquanto o direito público conhece como única fundamentação os limites estabelecidos pelo Estado por sua própria vontade ao poder público. Desse modo, direito público e direito privado teriam fundamentação diversa, mas tal doutrina não é capaz de conceituar com seriedade a limitação do Estado pelo direito. Acredita-se que o espírito que deva presidir o direito público não é o mesmo que inspira o direito privado. Na verdade, é difícil compreender o significado desse raciocínio, pois julgamos que a filosofia que deve reger o estudo do direito é a justiça. Sob esta abordagem é que devemos investigar o direito privado.

Julgam também que ao direito público e ao direito privado devam ser aplicados métodos diferentes de estudo. Isso também nos parece absurdo. O direito constitui uma ciência social, e o método das ciências sociais é a observação, que precisa ser empregada a par com o método da hipótese dedutiva. O passado já demonstrou ser essa a melhor sistemática aplicável às ciências morais e políticas, hoje chamadas ciências sociais. O nome mudou, mas o método investigatório deve consistir no mesmo procedimento para o estudo do direito privado e para o estudo do direito público.

Considera-se ainda a natureza do ato jurídico público totalmente diferente da natureza do ato jurídico privado; quando um ato jurídico emana de um agente do Estado, apresenta um caráter muito particular que provém da natureza da vontade da qual emanou. Esse caráter particular apresenta-se sobretudo nos chamados atos de autoridade ou de poder público em que a situação de direito nasce da vontade superior da pessoa pública, atos que não podem ter analogia no direito privado. Referências a contratos de direito público encontram-se em decisões do Conselho de Estado, na França e em Laband e O. Mayer, na Alemanha. Refutamos tais proposições. O ato jurídico apresenta uma natureza que carece determinar. Mas este ato não pode ter cada vez uma natureza diferente, conforme a pessoa que o determine. O ato jurídico constitui uma manifestação de vontade criadora de um efeito de direito, uma vez que surge dentro de limites fixados pela lei e visando a um fim nela conformado. O ato jurídico tem sempre esse caráter. O contrato, principalmente, apresenta e conserva sempre certo caráter; ao mencionarmos contratos de direito público percebemos a sutileza subjacente para justificar um privilégio de jurisdição ou qualquer outro que se possa atribuir à pessoa pública.

Contudo, mantemos a clássica distinção entre direito público e direito privado. Na realidade, ela só existe enquanto modo de sanção do direito. Ainda que assim restrita, continua a ser objeto de consideração. O Estado, por sua natureza, monopoliza o poder de constrangimento existente em determinado país, e dessa forma assegura a sanção do direito — do direito que se aplica a qualquer pessoa, exceto a ele próprio. O direito público, todavia, é o direito do Estado, aplica-se ao Estado. Nesse sentido, não se concebe um modo de sanção direta do direito público que se exerça contra o Estado. Nenhuma das disposições do direito público que criam obrigações para o Estado podem ser sancionadas diretamente pelo constrangimento, pois o Estado, senhor do constrangimento, não pode exercê-lo diretamente contra si próprio. Decorre que as disposições do direito constitucional, no amplo sentido da palavra, já explicitado, são desprovidas de formas de sanção direta.

Não se pode inferir de tudo isso que as regras do direito constitucional não apresentem caráter de verdadeiras regras de direito. A sanção direta por constrangimento não é necessária para transformar uma regra em regra de direito. Há regra de direito desde que a sua violação provoque reação social. O próprio Lhering aceita que, para haver regra de direito, basta haver sanção advinda de constrangimento psicológico[13]. Esta sanção existe, certamente, para as regras constitucionais que determinam as obrigações do Estado e fixam sua organização interna. Por isso constituem certamente regras de direito, embora não possam ser sancionadas diretamente pelo constrangimento. Em virtude dessa impossibilidade, precisamos encontrar processos para reduzir ao mínimo a possibilidade de violação do direito constitucional pelos homens que se encontram investidos do poder público. Nesse sentido, a argumentação política sugere: separação dos poderes ou das funções e criação de supremos tribunais de justiça. Embora razoáveis, esses processos nunca irão assegurar uma sanção rigorosa do direito constitucional. Em razão disso, considera-se que as Constituições só conhecem por autêntica sanção a lealdade dos homens que as aplicam.

Direito administrativo e direito constitucional apresentam caráter diverso em função dos meios parti-

---

(13) "Der Zveck im Rechte", I, p. 368.

culares que suas regras empregam para garantir a efetivação da situação jurídica. Admitindo que esta implique uma obrigação do Estado, o sujeito ativo não tem meios de execução forçada contra o Estado; e só pode proceder a uma execução forçada mediante intervenção do Estado. Enquanto isso, o Estado não pode empregar o constrangimento material contra si mesmo. Diferentes propostas quiseram justificar esta regra com o argumento de que o Estado é sempre honesto e solvente, não havendo, por isso, necessidade de via de execução contra o mesmo, ou alegando ser inadmissível entravar a máquina dos serviços públicos, em razão de um particular e contra o Estado.

O Estado monopoliza o constrangimento, não podendo empregá-lo contra si mesmo e, em virtude disso, o processo jurídico adquire caráter particular.

Atribuir ao Estado função ativa é conferir-lhe distinção especial. O indivíduo que pretende resolver questão de direito, da qual é beneficiário, mediante execução jurídica, deve recorrer ao Estado. Se a existência ou extensão desta questão é contestada, o emprego da força para a execução só se efetiva após uma decisão jurisdicional regular que, emanando do Estado, reconheça-a enquanto questão de direito. O Estado beneficiário de situação de direito, e portador da força material que assegura a sua realização, pode empregar espontaneamente esse poder de constrangimento, ainda que sob protestos do sujeito passivo. Ao Estado cabe o privilégio da execução prévia. A sua finalidade consiste em realizar o direito. E existindo situação jurídica em seu proveito é legítima sua vantagem de execução prévia; postura que Hauriou designa como "vantagem prévia". Por outro lado, o interessado deve preservar sua legítima posição de discordar do direito invocado pelo Estado e também de exigir indenização no caso de execução arbitrária dos agentes públicos.

Finalizando nossa abordagem, consideramos lícito distinguir direito público de direito privado, mas não convém estender esta distinção para além de seus limites. Ambos os direitos devem ser investigados com igual espírito e método, uma vez que suas respectivas leis e atos apresentam o mesmo fundamento, os mesmos elementos e o mesmo caráter. Mas a sanção do direito público e a sanção do direito privado não podem existir nas mesmas condições; a verificação de determinada situação de direito público não pode ser obtida em semelhança a uma situação jurídica de direito privado. Só nisso consiste a diferença, aliás importante, entre direito público e direito privado.